BEI GRIN MACHT SICH IHR WISSEN BEZAHLT

- Wir veröffentlichen Ihre Hausarbeit, Bachelor- und Masterarbeit

- Ihr eigenes eBook und Buch - weltweit in allen wichtigen Shops

- Verdienen Sie an jedem Verkauf

Jetzt bei www.GRIN.com hochladen und kostenlos publizieren

GRIN ☺

Journalistische Auseinandersetzung mit psychologischen Themen

Geschlechterparadoxon der Depression, Yoga und Einfluss des weiblichen Zyklus auf die Psyche

Daline Ostermaier

Bibliografische Information der Deutschen Nationalbibliothek:

Die Deutsche Nationalbibliothek verzeichnet diese Publikation in der Deutschen Nationalbibliografie; detaillierte bibliografische Daten sind im Internet über http://dnb.d-nb.de abrufbar.

ISBN: 9783346790224
Dieses Buch ist auch als E-Book erhältlich.

Druck und Bindung: Books on Demand GmbH, Norderstedt Germany
Gedruckt auf säurefreiem Papier aus verantwortungsvollen Quellen

Das vorliegende Werk wurde sorgfältig erarbeitet. Dennoch übernehmen Autoren und Verlag für die Richtigkeit von Angaben, Hinweisen, Links und Ratschlägen sowie eventuelle Druckfehler keine Haftung.

Das Buch bei GRIN: https://www.grin.com/document/1314026

Blog-Beiträge

„Journalistische" Auseinandersetzung mit studiengangsrelevanten Themen

abgegeben am 29.10.2022
SRH Fernhochschule

Kompetenzfeld IV – Wissenschaftliches Arbeiten
Modul: Theorie-Praxis-Transfer
Studiengang: Wirtschaftspsychologie B. Sc. /
Prävention- und Gesundheitspsychologie B.A. / Psychologie B. Sc.

von
Daline Ostermaier
Studiengang: B. A. Psychologie

Inhaltsverzeichnis

1. Tabuthema: Psychotherapeuten mit psychischen Störungen

Kategorie:

- **Gesundheitspolitik (Prävention und Gesundheitspsychologie)**
- **Klinische Psychologie (Psychologie)**

1.1 Beitrag

Klinische Psychologen gelten als Spezialisten für die mentale Gesundheit. Eher unvorteilhaft ist hierbei die Schlussfolgerung, dass Behandelnde selbst eigentlich keine psychischen Beschwerden haben dürften. Das Entwickeln psychischer Störungen wird folglich als persönliches Scheitern gewertet. (Sydow, 2014, S. 288) Hierbei handelt es sich leider um eine gefährliche Idealvorstellung, die zu enormen Leid und Stress unter den Betroffenen führt. Verstärkt wird dieser Druck von den drohenden Konsequenzen im Beruf. Laut § 60 des Psychotherapeutengesetzes stellt die psychische Stabilität von angehenden Psychotherapeuten eine Voraussetzung für die Approbation dar. (Bundesministeriums der Justiz und für Verbraucherschutz, 2020) Fakt ist jedoch, dass die psychische Gesundheit, ganz unabhängig von der Profession, keinem Ideal entsprechen kann und deshalb niemand gegen psychische Störungen immun ist. Darüber hinaus ist das Risiko psychische Auffälligkeiten zu entwickeln bei klinischen Psychologen erhöht. Denn der Kontakt zu schwer suizidalen oder aggressiven Patienten stellt eine enorme psychische Belastung dar. (Posluns & Gall, 2020, S. 2; Tay, Alcock & Scior, 2018, S. 1–2) Nichtsdestotrotz bleibt der offene Umgang mit der mentalen Gesundheit von Psychotherapeuten bisher eine Ausnahme. Wie viele Betroffene leiden deshalb im Stillen?

Aus Sicht der Betroffenen: Ergebnisse einer anonymen Umfrage

Die Datenlage zum Aspekt „psychische Störungen unter klinischen Psychologen" ist eher als lückenhaft einzustufen. Aufgrund dieser Feststellung führten Tay et al. (2018) eine anonyme Online-Umfrage zum Thema durch. 678 klinische Psychologen aus England wurden zu ihren Erfahrungen mit den eigenen psychischen Problemen befragt. 63 % der Psychologen haben in ihrem bisherigen Leben bereits an psychischen Problemen gelitten oder leiden noch immer an psychischen Problemen. (Tay et al., 2018, S. 5) Das entspricht nahezu zwei Dritteln der Befragten und übertrifft damit die Lebenszeitprävalenz diagnoserelevanter psychischer Störungen unter der englischen Allgemeinbevölkerung. Diese liegt bei ca. 41 %. (Mental

Health Foundation, 2016, S. 14) Weiterhin gaben fast die Hälfte der Betroffenen Psychologen an sogar zwei oder mehr psychische Störungen erfahren zu haben. Am häufigsten wurden depressive Störungen und Angststörungen genannt. (Tay et al., 2018, S. 5)

Der Großteil der Befragten würde laut eigenen Angaben zwar weder sich selbst noch andere psychisch Erkrankte stigmatisieren, doch besteht allgemein die Angst, dass die eigenen psychischen Probleme bekannt werden könnten. (Tay et al., 2018, S. 5) Positiv einzuschätzen ist zumindest, dass 84 % der Betroffenen sich trotz der Angst vor Stigmatisierung professionelle Hilfe einholten. Doch gab es im Gegensatz dazu auch 46 Fälle, die sich weder jemandem anvertrauten noch an professionelle Hilfe wandten. Wie zu vermuten, sind die Ursachen hierfür v. a. die Angst vor Verurteilung, Sorgen über negative Auswirkungen auf den Beruf und den Selbstwert sowie generelle Schamgefühle. (Tay et al., 2018, S. 6–7)

Unbehandelte psychische Störungen unter klinischen Psychologen können sich höchst negativ auf deren therapeutische Leistung ausüben, worunter schließlich nicht nur die Behandelnden selbst, sondern genauso deren Patienten leiden. (Sydow, 2014, S. 288) Welche Maßnahmen werden also ergriffen, um diesen Missständen entgegenzuwirken? Und wo wird hierfür angesetzt?

Präventionsmaßnahmen und bisherige Lösungsansätze

Im Rahmen der Approbationsausbildung zum psychologischen Psychotherapeuten wird in vielen Ländern eine gewisse Stundenanzahl an „Selbsterfahrung" vorausgesetzt – in Deutschland sind es beispielsweise 120 h. Dies ist vergleichbar mit einer den wissenschaftlichen Standards entsprechenden Psychotherapie. (Sydow, 2014, S. 285) Das übergeordnete Ziel ist dabei zwar die Entwicklung der wichtigsten Kernkompetenzen für eine professionelle Berufsausübung, doch werden ebenso Aspekte wie persönliches Wachstum fokussiert. Dazu zählt z. B. auch die Reduktion von Ängstlichkeit oder die Stärkung des Selbstwertgefühls. (Zolles & Korunka, 2015, S. 87) Sofern davon ausgegangen wird, dass besagte Selbstentwicklung das Risiko zukünftiger psychischer Störungen vermindert, könnte der Selbsterfahrung also auch ein präventiver Nutzen zugeschrieben werden. Uneindeutig ist bisher jedoch die Wirkung der Selbsterfahrung im Allgemeinen. Insgesamt sind verschiedene Forschungsergebnisse eher widersprüchlich und lassen kaum klare Schlussfolgerungen für die Praxis zu. (Zolles & Korunka, 2015, S. 89)

Ein Ansatz, welcher bei Datenbankrecherchen zum Suchbegriff „impaired professionals" häufig vorgeschlagen wird, ist Self-Care[1]. Dauerhafte Selbstfürsorge auf verschiedenen Ebenen soll den negativen Auswirkungen von Stress entgegenwirken und klinische Psychologen folglich insbesondere vor Stressfolgeerkrankungen (z. B. Burnout) schützen. (Rupert & Dorociak, 2019, S. 1) Für wirksame Selbstfürsorge sollten die eingesetzten Strategien unterschiedliche Bereiche ansprechen, darunter Achtsamkeit, Ausgeglichenheit, physische Gesundheit oder soziale Unterstützung. In der Praxis bedeutet das z. B. eine angemessene Work-Life-Balance zu entwickeln, regelmäßig Zeit mit Freunden und Familie zu verbringen, auf ausreichend Schlaf zu achten sowie Achtsamkeit zu üben. (Posluns & Gall, 2020, S. 12)

Fazit: Prävention allein reicht nicht aus

Wie sich herausstellt sind Lösungsansätze überwiegend präventiv orientiert, sodass Maßnahmen damit fast ausschließlich zur Verhinderung von psychischen Störungen unter Psychotherapeuten dienen. Prävention ist zweifelsohne richtig und notwendig, doch reicht allein nicht aus, um die Missstände zu lösen. Eine große Problematik besteht darin, dass Betroffene Ihre psychischen Probleme aus Angst vor Stigmatisierung vertuschen und dadurch oftmals keine professionelle Hilfe erhalten. Veränderung sollte daher ganz besonders auf das

---

[1] Fürsorgliche Haltung sich selbst gegenüber, um psychisches Wohlbefinden durch Selbstreflexion und förderliche Tätigkeiten aufrechtzuerhalten (Posluns und Gall 2020, S. 4)

bisherige Narrativ abzielen, dass es keine psychisch erkrankten Psychotherapeuten geben dürfe. Nach Meinung des Autors ist im Umgang mit der Problematik die weitreichende Aufklärung und Normalisierung psychischer Probleme unter Psychotherapeuten ein zentraler Ansatzpunkt. Ziel sollte dabei in erster Linie sein, einen offenen Austausch über die Thematik zu ermöglichen und zu fördern. Nur so können Stigmatisierungen Stück für Stück abgebaut werden. Außerdem sollte das Hilfsangebot, speziell für betroffene Psychotherapeuten, erweitert und ausgebaut werden. Insgesamt könnten die Entstigmatisierung und die bessere Erreichbarkeit von sinnvollen Hilfsangeboten die Hemmschwelle senken, sich bei Bedarf an professionelle Hilfe zu wenden.

1.2 Quellen

Literaturverzeichnis

Bundesministeriums der Justiz und für Verbraucherschutz. (2020). *Approbationsordnung für Psychotherapeutinnen Psychotherapeuten (PsychThApprO),* Bundesministeriums der Justiz und für Verbraucherschutz.

Mental Health Foundation. (2016). *Fundamental Facts about Mental Health 2016.* Verfügbar unter: https://www.mentalhealth.org.uk/publications/fundamental-facts-about-mental-health-2016

Posluns, K. & Gall, T. L. (2020). Dear Mental Health Practitioners, Take Care of Yourselves: a Literature Review on Self-Care. *International Journal for the Advancement of Counseling, 42*(1), 1–20. https://doi.org/10.1007/s10447-019-09382-w

Rupert, P. A. & Dorociak, K. E. (2019). Self-Care, Stress, and Well-Being Among Practicing Psychologists. *Professional Psychology: Research and Practice, 50*(5), 343–350. https://doi.org/10.1037/pro0000251

Sydow, K. von. (2014). Psychotherapeuten und ihre psychischen Probleme. Forschungsstand zu einem Klischee. *Psychotherapeut, 59*(4), 283–292. https://doi.org/10.1007/s00278-014-1056-2

Tay, S., Alcock, K. & Scior, K. (2018). Mental health problems among clinical psychologists: Stigma and its impact on disclosure and help-seeking. *Journal of Clinical Psychology, 74*(9), 1–11. https://doi.org/10.1002/jclp.22614

Zolles, M. & Korunka, C. (2015). Die Rolle der Selbsterfahrung für die Entwicklung psychotherapeutischer Schlüsselkompetenzen. *Psychotherapie Forum, 20*(3), 81–91. https://doi.org/10.1007/s00729-015-0044-5

2. Das Geschlechterparadoxon der Depression –
was es uns lehrt

Kategorie:

- **Klinische Psychologie (Psychologie)**
- **Gesundheitspolitik (Prävention und Gesundheitspsychologie)**

2.1 Beitrag

Das Risiko in seinem Lebensverlauf mindestens eine depressive Störung zu entwickeln, liegt nach DSM-IV bei bis zu 30 %. (Beesdo-Baum & Wittchen, 2020, S. 1035) Obwohl Depressionen damit zu den weltweit häufigsten psychischen Erkrankungen überhaupt zählen, weist der bisherige Wissenstand noch immer enorme Lücken auf. Ein Mysterium, welches im Zusammenhang mit der Verteilung depressiver Störungen steht, ist das sogenannte Geschlechterparadoxon. Was hat es damit genau auf sich? Und welche Bedeutung hat das Phänomen für die Praxis?

Was ist das Geschlechterparadoxon?

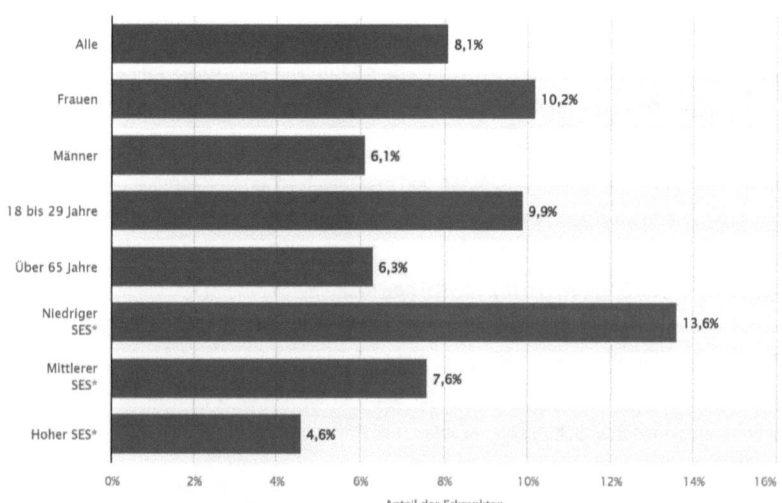

Abbildung 1   Prävalenz von Depressionen in Deutschland nach Geschlecht, Alter und sozialem Status im Jahr 2011 (Quelle: Statista, 2022)

6

Wenn man sich mit der Verteilung der Depression auseinandersetzt fallen einem schnell einzelne Bevölkerungsgruppen ins Auge, die scheinbar besonders häufig betroffen sind. Neben einem niedrigen sozioökonomischen Status (SES) und der Adoleszenz bzw. dem jungen Erwachsenenalter, zählt ebenso das weibliche Geschlecht zu den Risikofaktoren für das Entwickeln einer depressiven Störung. (Caspar, Pjanic & Westermann, 2018, S. 59) Aus einer Studie des Robert-Koch-Instituts geht hervor, dass im Jahr 2011 in etwa 10,2 % der Frauen aber „nur" 6,1 % der Männer eine Depression aufweisen. (Busch, Maske, Ryl, Schlack & Hapke, 2013) Damit scheinen Frauen fast doppelt so häufig an depressiven Störungen zu leiden wie Männer. Diese Information ist auch in den aktuellen Lehrbüchern fest verankert. Doch können die Ergebnisse tatsächlich so interpretiert werden?

Suizidrate im Vergleich

Suizidalität und Depression sind eng miteinander verknüpft - immerhin sind 60 % der Suizide auf eine primäre Depression der Betroffenen zurückzuführen. (Wolfersdorf, 2012, S. 284) Es liegt also nahe, dass die Selbstmordrate genauso wie die Depressionsrate bei Frauen deutlich höher ausfällt als bei Männern. Doch erstaunlicherweise ist hier genau das Gegenteil der Fall. Obwohl Frauen scheinbar doppelt so häufig depressiv sind, begehen Männer nahezu dreimal so häufig Suizid. (Neuner, Hübner-Liebermann, Hausner & Spießl, 2010, S. 42) Wie Abbildung 2 verdeutlicht, lässt sich diese Verteilung auch in Deutschland konsequent über die verschiedene Bundesländer hinweg beobachten. Wie ist das möglich?

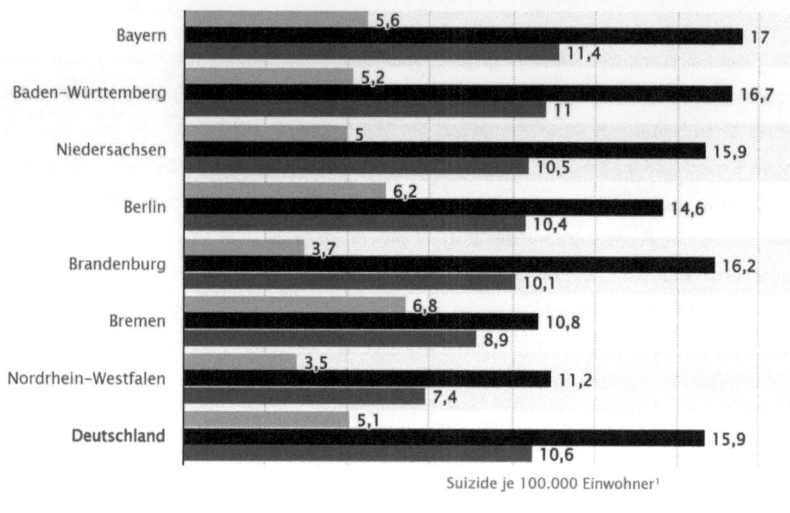

Suizide je 100.000 Einwohner¹

● Gesamt ● Männer ● Frauen

Abbildung 2   Selbstmordrate in Deutschland nach Bundesländern und Geschlecht im Jahr
(Quelle: Statista, 2022)

Offensichtlich widerspricht sich die Datenlage zur Verteilung von Depressionen und Suiziden.
Diese bizarre Diskrepanz wird deshalb in der Fachwelt auch als Geschlechterparadoxon
bezeichnet. (Wüstel, 2018, S. 22)

Potenzielle Erklärungsansätze

Für das Zustandekommen des Geschlechterparadoxons gibt es verschiedene
Erklärungsansätze. Grundlage ist hier jeweils die Annahme, dass Männer mit Depressionen
anscheinend häufig unentdeckt bleiben, also bildlich gesprochen durch das Raster fallen.
(Staiger et al., 2020, S. 66) Welche Faktoren lassen sich ausmachen, die diese
Unterdiagnostizierung begünstigen?

Geschlechtsrollenerwartungen

Ein ernstzunehmender Aspekt sind zunächst einmal die gender-spezifischen Rollenanforderungen, die den Handlungsspielraum der männlichen Bevölkerung stark einschränken. Laut stereotypischen Geschlechtsnormen sind Männer stets beherrscht, unabhängig und besonnen. Schon im Kindesalter werden Jungen mit Floskeln wie „Männer weinen nicht" konfrontiert und verinnerlichen schnell, dass „Männer keine Schwäche zeigen". (Vogel, Heimerdinger-Edwards, Hammer & Hubbard, 2011, S. 368–369) Hilfe zu suchen geschweige denn Beschwerden zu äußern ist daher für viele Betroffene kaum mit ihrem typisch männlichen Rollenverständnis zu vereinbaren. Ein generell gehemmtes Hilfesuchverhalten unter Männern könnte schließlich dazu führen, dass Betroffene weder diagnostiziert noch adäquat behandelt werden.

Die Männliche Depression

Ein weiterer Ansatz ist die These zur „männlichen Depression". Diese sagt aus, dass sich Depressionen bei Männern oftmals durch nach außen gewendete Symptome bemerkbar machen, wodurch die Kardinalsymptome Niedergeschlagenheit, Erschöpfung, etc. verdrängt werden. Während also Aggression, Reizbarkeit, Feindseligkeit oder Substanzmissbrauch Hinweise auf eine männliche Depression sein können, überdecken diese externalisierenden Symptome gleichzeitig jene Symptome, die mit den Screeninginstrumenten untersucht werden. (Staiger et al., 2020, S. 66) Weiter wird diskutiert, dass betroffene Männer ihre Depressionen selten auf das Vorhandensein einer psychischen Störung zurückführen und eher äußere Gegebenheiten, z. B. zu viel Stress in der Arbeit, für ihre Beschwerden verantwortlich machen. (Staiger et al., 2020, S. 66)

Konsequenzen für die Praxis

Das Geschlechterparadoxon weist zusammenfassend auf zwei Problemzonen in Bezug auf die Unterdiagnostizierung von depressiven Männern hin:

1 Diagnostik:

Screeninginstrumente erfassen die „männliche Depression" nicht, da die externalisierenden Symptome die internalisierenden Symptome überdecken.

2 Hilfesuchverhalten:

Depressive Männer wenden sich seltener an professionelle Hilfe aufgrund der Orientierung an traditionellen Rollenbildern und externalisierten Krankheitstheorien.

Aus diesen Erkenntnissen lassen sich wichtige Handlungsempfehlungen für die Praxis ableiten, welche nach Meinung des Autors dringlichst umgesetzt werden sollten. Übergeordnetes Ziel ist dabei die Reduzierung der Suizidraten und die bessere Versorgung von depressiven Männern. Aufklärung und Psychoedukation (z. B. berufsinterne Seminare, Beratungsstellen, etc.) könnten ausschlaggebende Informationen über die Auswirkungen von Geschlechtsrollenerwartungen vermitteln und das Auge für Symptome, die auf depressive Störungen hinweisen, schulen. Letzteres soll dazu beitragen, dass externalisierte Krankheitstheorien hinterfragt werden.

Auf der anderen Seite sollte unbedingt das Verständnis über depressive Störungen in Fachkreisen überarbeitet werden. Es könnte zudem hilfreich sein, im Rahmen der Diagnostik eine besondere Sensitivität für depressive Männer zu entwickeln und ggf. Screeninginstrumente und Behandlungsmethoden anzupassen.

Fazit

Das Geschlechterparadoxon beschreibt die Diskrepanz zwischen der Suizidrate und der Prävalenz der Depression von Frauen und Männern. Widersprüchlich ist, dass laut Statistik doppelt so viele Frauen von Depressionen betroffen sind, obwohl nahezu dreimal so viele Männer wie Frauen Suizid begehen. Dies ist ein wichtiger Wegweiser, welcher auf eine enorme Unterdiagnostizierung von depressiven Männern aufmerksam macht. Aus den vorgestellten Erklärungsansätzen lassen sich schließlich zentrale Handlungsempfehlungen ableiten. Das Thema Geschlechtsunterschiede bei psychischen Störungen ist allgemein ein spannendes und aktuelles Thema, sodass weitere Forschungsarbeit, auch in Bezug auf andere Störungsbilder neben der Depression, wünschenswert ist.

2.2 Quellen

Literaturverzeichnis

Beesdo-Baum, K. & Wittchen, H.-U. (2020). Depressive Störungen: Major Depression und Persistierende Depressive Störung (Dysthymie). In J. Hoyer & S. Knappe (Hrsg.), *Klinische Psychologie & Psychotherapie* (3. Aufl., S. 1027–1072). Berlin: Springer.

Busch, M. A., Maske, U. E., Ryl, L., Schlack, R. & Hapke, U. (2013). Prävalenz von depressiver Symptomatik und diagnostizierter Depression bei Erwachsenen in Deutschland. Ergebnisse der Studie zur Gesundheit Erwachsener in Deutschland (DEGS1). *Bundesgesundheitsblatt, Gesundheitsforschung, Gesundheitsschutz* [Prevalence of depressive symptoms and diagnosed depression among adults in Germany: results of the German Health Interview and Examination Survey for Adults (DEGS1)], *56*(5/6), 733–739. https://doi.org/10.1007/s00103-013-1688-3

Caspar, F., Pjanic, I. & Westermann, S. (2018). *Klinische Psychologie* (1. Aufl.). Wiesbaden: Springer Fachmedien. https://doi.org/10.1007/978-3-531-93317-7

Neuner, T., Hübner-Liebermann, B., Hausner, H. & Spießl, H. (2010). Reduktion der Suizidraten der Männer durch das Bündnis gegen Depression. *Journal für Neurologie, Neurochirurgie und Psychiatrie, 11*(3), 42–45.

Staiger, T., Stiawa, M., Mueller-Stierlin, A. S., Kilian, R., Beschoner, P., Gündel, H. et al. (2020). Depression und Männlichkeit: Krankheitstheorien und Bewältigung – Eine biografisch-narrative Studie. *Psychiatrische Praxis* [Men and Depression: Illness Theories and Coping - A Biographical Narrative Study], *47*(2), 65–70. https://doi.org/10.1055/a-1043-8126

Vogel, D. L., Heimerdinger-Edwards, S. R., Hammer, J. H. & Hubbard, A. (2011). "Boys don't cry": Examination of the Links Between Endorsement of Masculine Norms, Self-Stigma, and help-Seeking Attitudes for Men From Diverse Backgrounds. *Journal of Counseling Psychology, 58*(3), 368–382. https://doi.org/10.1037/a0023688

Wolfersdorf, M. (2012). Tabuthema - Männerdepression. In E. Brähler, W. Harth & H.-C. Schuppe (Hrsg.), *Praxishandbuch Männergesundheit. Interdisziplinärer Beratungs- und Behandlungsleitfaden* (1. Aufl., S. 283–289). Medizinisch Wissenschaftliche Verlagsgesellschaft.

Wüstel, J.-M. (2018). *Männerdepression. Warum verletzte Helden anders ticken und eigene Auswege brauchen* (1. Aufl.). Beltz.

3. Yoga – Welches Potenzial hat es in der psychischen Gesundheitsfürsorge?

Kategorie:

- **Wiki**
- **Klinische Psychologie (Psychologie)**

3.1 Beitrag

Yoga-Praktizierende berichten allgemein über eine gesundheitsfördernde Wirkung, die sich über körperliche und psychische Vorteile erstreckt. (Koch, 2014, S. 23) Insbesondere die Benefits für die mentale Gesundheit machen die Yoga-Praxis auch für die psychische Gesundheitsfürsorge attraktiv. Darüber hinaus steigt die Nachfrage nach ganzheitlichen Methoden zur kostengünstigen und effizienten Behandlung psychischer Störungen, sodass Yoga als breit akzeptierter Ansatz großes Potenzial aufweist. (Meister & Becker, 2018, S. 994) Zwar ist die Forschungsgrundlage zu Yoga als Behandlungsmethode noch nicht besonders ausgereift, doch bestätigen bisherige Arbeiten durchaus die positiven Effekte auf die (psychische) Gesundheit. (Meister & Becker, 2018, S. 994)

Wurzeln des heutigen Yogas

Der traditionelle Yoga hat seinen Ursprung im antiken Indien und beschreibt ursprünglich eine philosophische Lehre. Eine grundlegende Informationsquelle, auf welche sich auch die heutigen Yogaschulen noch berufen, ist das Yogasutra, eine im 2. Jahrhundert nach Christus entstandene Schriftenreihe. (Iyeangar, 1979, S. 19) Der Verfasser, ein indischer Gelehrter, schildert darin den achtgliedrigen Weg des Yogas, welcher als Leitfaden zur Gestaltung eines bedeutsamen und sinnvollen Lebens aufgefasst werden kann. Obwohl keine eindeutige Definition existiert, lässt sich der Begriff wörtlich übersetzen als binden oder vereinen. Yoga wird deshalb als ein Prozess zur Vereinigung von Körper und Geist verstanden. (Bridges & Sharma, 2017, S. 1017) Die Praxis beinhaltet dabei insbesondere die Aspekte Entspannung (shavas asana), körperliche Haltungen (asana), Atemübungen (pranayama) sowie Meditation (dhyana). (Bridges & Sharma, 2017, S. 1017–1018) Je nachdem, um welche der Yoga-Formen es sich handelt, können die Schwerpunkte und Inhalte variieren. (Macy, Jones, Graham & Roach, 2015, S. 2)

Yoga im Wandel

Im Jahr 2021 praktizierten ca. 3,1 Millionen Menschen ab 14 Jahren regelmäßig Yoga. (Statista, 2021) In Deutschland beläuft sich der Anteil von aktuell Praktizierenden auf ca. 3 %. Diese starke Verbreitung, besonders in der westlichen Welt, führte nicht zuletzt dazu, dass sich die ursprüngliche Yoga-Tradition stark wandelte. Klassische Yoga-Formen, wie der Hatha- oder Yin-Yoga werden durch neuartige Angebote, wie dem Hot Yoga, dem Power Yoga oder dem Fitness Yoga ergänzt. (Bridges & Sharma, 2017, S. 1018) Außerdem lässt sich beobachten, dass der Fokus häufig weg von einer spirituellen hin zu einer körperlichen Ausrichtung wandert. (Domingues, 2018, S. 4) Bei den Beweggründen für die Yoga-Praxis zeichnen sich vor allem gesundheitliche Benefits ab, während geistig-spirituelle Motive immer weiter in den Hintergrund rücken. In den USA zählt Yoga beispielsweise zu den am häufigsten genutzten Methoden der Komplementärmedizin. (Meister & Becker, 2018, S. 994)

Allgemeines Wirkungsspektrum

Es ist gut belegt, dass Sport depressive und Angstsymptome lindern kann und die Lebensqualität insgesamt verbessert. (Domingues, 2018, S. 5) Auch Yoga hat ein breites Wirkungsspektrum aufzuweisen: Die muskuläre Flexibilität und körperliche Fitness wird gefördert, gleichzeitig Verspannungen und Schmerzen gelöst. Darüber hinaus wirkt Yoga ausgleichend und regulierend. Während die Durchblutung gefördert wird, sinkt der Blutdruck, die Atem- sowie die Herzfrequenz. Allgemein regt Yoga die Aktivität des Parasympathikus an und reduziert dadurch die Ausschüttung von Stresshormonen, z. B. Cortisol. Gleichzeitig werden vermehrt Botenstoffe, wie z. B. Dopamin und Serotonin freigesetzt. Auf psychischer Ebene trägt Yoga, neben der angstlösenden und entspannenden Wirkung, zu einer erhöhten Selbstwirksamkeit bei und unterstützt eine achtsame Haltung sich selbst und der Umwelt gegenüber. Dadurch eignet sich Yoga nicht nur für die unterstützende Behandlung von körperlichen Erkrankungen, sondern ebenso für die Linderung psychischer Symptome. (Bridges & Sharma, 2017, S. 1018; Domingues, 2018, S. 6)

Yoga und psychische Störungen

Mehrere Studien belegen die positive Wirkung von Yoga auf eine Vielzahl an psychischen Störungen. Die Ergebnisse reichen von kleinen, signifikanten Effekten bis über mittlere, signifikante Effekte zugunsten von Yoga. Es stellte sich wiederholt heraus, dass Yoga die Lebensqualität und das allgemeine Wohlbefinden verbessert sowie effektiv Symptome reduziert. Darüber hinaus scheint die Kombination aus Yoga und medikamentöser Behandlung in etwa so wirksam zu sein, wie Psychotherapie. Allgemein sei jedoch eine Abnahme der Wirksamkeit bei stärkeren Symptomausprägungen zu beobachten, sodass Yoga eher für mildere Formen geeignet zu sein scheint. (Meister & Becker, 2018, S. 994) Besonders gut belegt sind die positiven Effekte von Yoga bei milden und subklinisch depressiven Patienten. Eine Vielzahl an verschiedenen Artikeln zeigen auf, dass Yoga effektiv depressive Symptomatiken bei verschiedenen Gruppen lindern kann, darunter z. B. Schwangere, Patienten mit chronischen Schmerzen oder Suchtpatienten. (Bridges & Sharma, 2017, S. 1020) Je mehr meditative Elemente die Yoga-Praxis umfasst, desto stärker sind die beobachteten antidepressiven sowie angstlösenden Effekte. (Cramer, Lauche, Langhorst & Dobos, 2013, S. 14) Die Evidenz für Effekte bei anderen psychische Störungen, z. B. Angststörungen oder Posttraumatischen Belastungsstörungen, sind bisweilen noch unausgereift und teils widersprüchlich. Daher lassen sich hierzu schwer konkrete Effekte schildern. (Meister & Becker, 2018, S. 998)

Fazit

Zusammenfassend lässt sich festhalten, dass das aus dem antiken Indien stammende Übungssystem Yoga zur Verbesserung von Wohlbefinden und Lebensqualität beitragen kann. Neben den zahlreichen körperlichen Vorteilen hat die Yogapraxis auch einen erstaunlichen Einfluss auf die Psyche. Der aktuelle Stand der Forschung lässt schlussfolgern, dass Yoga als ergänzende Behandlungsoption in Betracht gezogen werden kann, da es störungsspezifische Symptome, insbesondere bei milden Depressionen, effektiv lindern kann. Die Ableitung konkreter Behandlungsempfehlungen ist jedoch nur dann sinnvoll, wenn weiterhin intensive und den wissenschaftlichen Standards entsprechende Forschung betrieben wird. Nichtsdestotrotz wird Yoga bereits vermehrt in Therapie und Prävention angewandt, sodass es die spannenden Entwicklungen in den nächsten Jahren weiterhin zu beobachten gilt.

3.2 Quellen

Literaturverzeichnis

Bridges, L. & Sharma, M. (2017). The Efficacy of Yoga as a Form of Treatment for Depression. *Journal of Evidence-Based Complementary & Alternative Medicine, 22*(4), 1017–1028. https://doi.org/10.1177/2156587217715927

Cramer, H., Lauche, R., Langhorst, J. & Dobos, G. (2013). Yoga for Depression: a Systematic Review and Meta-Analysis. *Depression and Anxiety, 30*(11), 1068–1083. https://doi.org/10.1002/da.22166

Domingues, R. B. (2018). Modern postural yoga as a mental health promoting tool: A systematic review. *Complementary Therapies in Clinical Practice, 31.* https://doi.org/10.1016/j.ctcp.2018.03.002

Iyeangar, B. K. S. (1979). *Light on Yoga. The Bible of Modern Yoga* (5. Aufl.). REVISED EDITION. New York: Schocken Books.

Koch, J. (2014). Die positive Kraft des Yoga. *Deutsches Ärzteblatt,* (1), 23–25.

Macy, R. J., Jones, E., Graham, L. M. & Roach, L. (2015). Yoga for Trauma and Related Mental Health Problems: A Meta-Review With Clinical and Service Recommendations. *Trauma, Violence & Abuse, 19*(1), 1–23. https://doi.org/10.1177/1524838015620834

Meister, K. & Becker, S. (2018). Yoga bei psychischen Störungen. *Der Nervenarzt* [Yoga for mental disorders], *89*(9), 994–998. https://doi.org/10.1007/s00115-018-0537-x

Statista. (2021). *Anzahl der Personen in Deutschland, die in der Freizeit Yoga machen, nach Häufigkeit in den Jahren 2017 bis 2021 (in Millionen).*

4. Transorbitale Lobotomie – zum Zeitalter der Psychochirurgie

4.1 Beitrag

Einordnung

Die transorbitale Lobotomie ist die Bezeichnung eines neurochirurgischen Eingriffs, welcher sich dem Zeitalter der Psychochirurgie zuordnen lässt. Die zufällige Beobachtung, dass schwerwiegende, durch Unfälle verursachte Läsionen des präfrontalen Kortex zu enormen Verhaltensänderungen führen können, ebnete ab der zweiten Hälfte des 19. Jahrhunderts den Weg für die Psychochirurgie. Der Ansatz besteht darin, psychische Störungen durch Interventionen am präfrontalen Kortex zu therapieren. Ihre Hochphase hatte die Psychochirurgie in den 1930er bis 1950er Jahren, u. a. durch wegweisende Protagonisten, wie Egas Moniz oder Walter Freeman. (Huys et al., 2012, S. 1156)

Beschreibung des Eingriffs

Die transorbitale Lobotomie, die sich durch eine besondere Vorgehensweise auszeichnete, wurde durch die Neurologen bzw. Neurochirurgen Walter Freeman und James Watts bekannt. Die Patienten wurden im ersten Schritt entweder durch Elektrokrämpfe anästhesiert oder lokal betäubt. Anschließend wurde der dünne Knochen des Orbitaldachs mithilfe eines spitzen Instruments, auch Leukotom genannt, perforiert. (Arends, Fangerau & Winterer, 2009, S. 782) Das Leukotom wurde dafür in die Augenhöhle, oberhalb des Augapfels eingeführt und mit einem Hammer mehrere Zentimeter hineingeschlagen. (Terrier, Lévêque & Amelot, 2019, S. 214) Um Teile der weißen und teilweise auch grauen Substanz des präfrontalen Kortex zu beschädigen, wurde es mehrmals in verschiedenen Winkeln geschwenkt. Durch das Einführen hinter dem Auge, war es nicht erforderlich den Schädel zu öffnen und äußerlich sichtbare Eintrittsstellen blieben aus. Außerdem konnte der saubere und einfache Eingriff ohne Weiteres innerhalb von 15 bis 20 Minuten von einer Einzelperson durchgeführt werden. Dies führte schließlich dazu, dass selbst Personen ohne chirurgische Fachkenntnisse die Lobotomie realisierten. (Byard, 2017, S. 261)

Zielstellung und Indikation

Bei den früheren Methoden der Lobotomie (auch: Leukotomie) schien die postoperative Symptomlinderung nicht von Dauer zu sein und nach einiger Zeit abzuschwächen. Die Entwicklung der transorbitalen Lobotomie hatte daher eine höhere Gewebezerstörung zum Ziel. (Huys et al., 2012, S. 1159) Freeman war sich darüber bewusst, dass das Zerstören von Hirngewebe zu keiner Heilung im eigentlichen Sinne führte. Der Eingriff sollte die Patienten jedoch weitestgehend von emotionalem Stress sowie von Schmerzen befreien. (Freeman, 1949, S. 785) Laut Freeman sei ein Eingriff u. a. dann indiziert, wenn ein Risiko von völliger Hilflosigkeit bis hin zum Selbstmord gegeben sei. Beurteilungskriterien hierzu seien z. B. „zügelloses und gewalttätiges Benehmen" oder „qualvolles physisches sowie psychisches Leiden". Im Gegensatz dazu wurden Lobotomien nicht an Psychopathen, Kriminellen und Patienten mit stark aggressivem Verhalten angewandt, da asoziales und nicht gesellschaftsfähiges Verhalten durch den Eingriff befürchtet wurde. (Freeman, 1949, S. 787)

Langzeitfolgen und Nebenwirkungen

Eine kontrollierte Studie von Friedman et al. aus dem Jahr 1951 stellt die Folgen und Ergebnisse der Lobotomie dar: Von 251 Patienten, waren zwei Jahre nach dem Eingriff 9,4 % symptomfrei - bei 73,2 % ließ sich immerhin eine Verbesserung der Symptome feststellen. (Cooper, 2014, S. 146). Diese vielversprechende Wirkung steht jedoch den schwerwiegenden Nebenwirkungen und Komplikationen gegenüber. Ca. 3 % der Patienten verstarben noch während der Operation (z. B. an Hirnblutungen), während es bei den Überlebenden nicht selten zu postoperativen Krampanfällen und vorübergehender Inkontinenz kam.
Die Langzeitfolgen des Eingriffs sind fatal. Neben der Linderung der Symptome kam es bei den meisten Patienten nämlich zu einer schweren psychischen Veränderung. Freeman erkannte, dass seine Patienten „etwas an Tiefe der Persönlichkeit verloren haben", argumentierte aber, dass die alltäglichen Anforderungen des Lebens meist trotzdem bewältigt werden können. (Freeman, 1949, S. 787) Gemeinhin wurden die Patienten jedoch als stumpf, teilnahmslos, kindlich, fügsam und gleichgültig beschrieben. Die Anwendung der Lobotomie wurde damit begründet, dass die Nebenwirkungen ein geringeres Übel im Vergleich zum präoperativen Zustand seien. (Byard, 2017, S. 262–263) Nichtsdestotrotz ist die Lobotomie aufgrund der auftretenden Störungen des Antriebs und der Emotionalität sowie der Veränderung von Persönlichkeitsstruktur und Verhalten äußert kritisch zu bewerten. (Huys et al., 2012, S. 1159)

Ethische Betrachtungen

Schätzungen zufolge wurden zwischen 1942 und 1954 in Großbritannien und den USA insgesamt ca. 50.000 Patienten mit einer Lobotomie behandelt. (Huys et al., 2012, S. 1159) In Anbetracht der verheerenden Folgen kam die breite Anwendung psychochirurgischer Methoden immer stärker in Verruf und löste regelrecht eine ethische Debatte aus. Daraufhin wurde die Psychochirurgie in mehreren Ländern nach und nach verboten. (Byard, 2017, S. 263; Huys et al., 2012, S. 1160) Aus einem modernen Blickwinkel heraus, fehlte die theoretische Untermauerung der Behandlungsmethode und die Kriterien zur Indikationsstellung waren uneindeutig, sodass sie mehr oder weniger subjektiver Einschätzung unterlagen. Ebenso waren die Belege zur Wirksamkeit des Eingriffs, den damaligen Standards entsprechend, wenig aussagekräftig. Zu bedenken ist jedoch, dass in der zweiten Hälfte des 20. Jahrhunderts noch andere Gegebenheiten herrschten als dies heute der Fall ist. Da kaum wirksame Behandlungsalternativen für schwere psychische Störungen zur Verfügung standen, war die Lage in den psychischen Betreuungseinrichtungen von Überlastung der Angestellten, Platzmangel sowie Leid und Elend geprägt. Die Aussicht auf schnelle und unkomplizierte Heilung einer Vielzahl an schwierigen Patienten mochte so manche Nachteile in den Hintergrund gerückt haben. (Huys et al., 2012, S. 1159)

Fazit

Letztendlich ist die transorbitale Lobotomie nach Walter Freeman eine für damalige Verhältnisse revolutionäre Entdeckung. Zunächst als vielversprechend eingeschätzt und hoch angepriesen, konnte sich die Methode aufgrund fataler Nebenwirkungen und Folgen nicht durchsetzen. Doch auch wenn die Lobotomie heute zurecht verurteilt und abgelehnt wird, so ist sie laut Einschätzung des Autors ein wichtiger Meilenstein in der Geschichte der Neurochirurgie. Immerhin dienen die folgenschweren Fehltritte im Zuge der Psychochirurgie als lehrreiche Erfahrung.

4.2 Quellen

Literaturverzeichnis

Arends, M., Fangerau, H. & Winterer, G. (2009). "Psychochirurgie" und tiefe Hirnstimulation mit psychiatrischer Indikation. Aktuelle und historische Aspekte. *Der Nervenarzt* ["Psychosurgery" and deep brain stimulation with psychiatric indication. Current and historical aspects], *80*(7), 781–788. https://doi.org/10.1007/s00115-009-2726-0

Byard, R. W. (2017). Frontal lobotomy. *Forensic Science, Medicine, and Pathology, 13*(2), 259–264. https://doi.org/10.1007/s12024-017-9846-9

Cooper, R. (2014). On deciding to have a lobotomy: either lobotomies were justified or decisions under risk should not always seek to maximise expected utility. *Medicine, Health Care, and Philosophy, 17*(1), 143–154. https://doi.org/10.1007/s11019-013-9519-8

Freeman, W. (1949). Psychochirurgie in Amerika. *Deutsche Medizinische Wochenschrift, 74*(25), 785–788.

Huys, D., Möller, M., Kim, E.-H., Hardenacke, K., Huff, W., Klosterkötter, J. et al. (2012). Die tiefe Hirnstimulation bei psychiatrischen Erkrankungen. Historische Grundlagen. *Der Nervenarzt* [Deep brain stimulation for psychiatric disorders: historical basis], *83*(9), 1156–1168. https://doi.org/10.1007/s00115-011-3309-4

Terrier, L.-M., Lévêque, M. & Amelot, A. (2019). Brain Lobotomy: A Historical and Moral Dilemma with No Alternative? *World Neurosurgery, 132*, 211–218. https://doi.org/10.1016/j.wneu.2019.08.254

5. Social Media und AD(H)S – Durch TikTok zur Selbstdiagnose?

Kategorie:

- **Medien- und Kommunikationspsychologie (Psychologie)**

5.1 Beitrag

Auf Social Media Plattformen wie Instagram und TikTok stolpern Nutzer immer häufiger auch über das Thema psychische Störungen. In den letzten Jahren haben sich bestimmte Diagnosen, insbesondere AD(H)S, geradezu zu einem Trend entwickelt, sodass kaum ein Nutzer nicht mit diesen Inhalten konfrontiert wird. Häufig sind kurze und unterhaltende Videos zu sehen, die typische Anzeichen oder Symptome von AD(H)S zum Thema haben. Solche Kurzvideos tragen mitunter den Titel „Anzeichen dafür, dass du ADHS hast" und beinhalten Aufzählungen bestimmter Verhaltensweisen und Erlebnisse. Oft den Schlüssel verlegen, sich schlecht Namen merken können, gerne von den eigenen Hobbys erzählen. Ohne Zweifel handelt es sich hierbei um Aspekte, die den meisten Meschen im Alltag begegnen können. Nicht verwunderlich ist also, dass viele Nutzer sich fragen, ob sie selbst betroffen sein könnten. Kommentare unter den Videos wie „ich glaube ich habe ADHS!" spiegeln dies wider. Doch wie verlässlich ist die Quelle TikTok, um sich selbst die Frage zu beantworten, ob man von AD(H)S oder anderen psychischen Erkrankungen betroffen ist?

Symptome und Diagnosekriterien von ADHS

Das Aufmerksamkeitsdefizit- Hyperaktivitätssyndrom zählt zu den hyperkinetischen Störungen und weist laut ICD-10 die Kardinalsymptome beeinträchtigte Aufmerksamkeit und Überaktivität auf. (Dilling, Mombour & Schmidt, 2020, S. 359) Die beeinträchtigte Aufmerksamkeit äußert sich z. B. darin, dass Aufgaben vorzeitig abgebrochen und Tätigkeiten nicht beendet werden, da das Interesse sich plötzlich auf etwas Neues verschiebt. Hyperaktivität, also exzessive Ruhelosigkeit, besteht meist in einer hohen Redseligkeit sowie hohem Bewegungsdrang, insbesondere in dafür unangemessenen Situationen wie der Schule. Im DSM-5 der American Psychiatric Association werden zu den übergreifenden Kardinalsymptomen jeweils mehrere konkrete und diagnoserelevante Merkmale aufgeführt. (Falkai & Wittchen, 2015, S. 40–42)

Unter die Lupe genommen

Um die geschilderten AD(H)S-Inhalte auf Social Media genauer einschätzen zu können, wird nun ein beliebiges Instagram-Reel zum Thema analysiert und mit den offiziellen Diagnosekriterien (ICD-10 und DSM-5) abgeglichen. Das Beispielvideo wird eingeleitet mit der Überschrift „signs you may have undiagnosed ADHD", zu Deutsch „Anzeichen dafür, dass du undiagnostiziertes ADHS hast". Daraufhin ist ein Mann zu sehen, der tanzt und performt, während bestimmte Aussagen auf dem Bildschirm auftauchen. Das Video beinhaltet folgende angebliche Anzeichen für ADHS:

(1) Plötzlich das Interesse an den Lieblingsaktivitäten verlieren

(2) Probleme bei der Verwaltung von Geld

(3) Häufiges Verlieren und Suchen von Gegenständen

(4) Erledigung von Aufgaben auf den letzten Drücker

(5) Gefühl ein Versager zu sein

„Das Interesse an den Lieblingsbeschäftigungen zu verlieren" (1) ist nicht direkt auf ein offizielles Kriterium von ADHS zurückzuführen. Im DSM-5 wird jedoch darauf eingegangen, dass es Betroffenen oft schwer fällt eine längere Zeit am Stück aufmerksam und konzentriert zu sein, z. B. in Vorträgen oder beim Lesen. Die im Video genannten Aspekte „Probleme bei der Verwaltung von Geld" (2) und „Erledigung von Aufgaben auf den letzten Drücker" (4) sind ebenso keine offiziellen Symptome, stehen aber in enger Verbindung mit einer planlos-desorganisierten Arbeitsweise und schlechtem Zeitmanagement. Dies sind Beschreibungen aus dem DSM-5 zu einem diagnoserelevanten Unteraspekts des Kardinalsymptoms Unaufmerksamkeit. Ebenso wird eine allgemeine Vergesslichkeit, z. B. bei Aufgaben wie dem Bezahlen von Rechnungen, als Unteraspekt erwähnt. (Falkai & Wittchen, 2015, S. 40–41) Darüber hinaus ist das häufige Verlieren von Gegenständen im DSM-5 ein eigenständiges Diagnosemerkmal für ADHS, was somit den Aspekt „Häufiges Verlieren bzw. Suchen von Gegenständen" (3) bestätigt. (Falkai & Wittchen, 2015, S. 40–41) Auffällig ist, dass sich die bisher aufgearbeiteten Merkmale aus dem Video nur auf das Kardinalsymptom der Unaufmerksamkeit beziehen, nicht aber die Hyperaktivität und Impulsivität widerspiegeln. Der letzte Aspekt „Gefühl ein Versager zu sein" lässt sich schließlich eher als sekundäre Komplikation einordnen. Laut ICD-10 kann ein niedriges Selbstwertgefühl mit AD(H)S einhergehen. (Dilling et al., 2020, S. 359)

Zusammenfassend umreist das Beispielvideo einige wichtige und auch diagnoserelevante Symptome des Störungsbildes ADHS. Manche Aspekte sind jedoch nicht eindeutig formuliert und stehen nur indirekt im Zusammenhang mit den Kardinalsymptomen. Gleichzeitig fehlt den aufgelisteten Aspekten der Kontext. Selbst wenn eine Person jedes Merkmal aus dem Video im Alltag erlebt, liegt nicht zwingend eine psychische Störung vor. Auf diese Tatsache wird aber nicht hingewiesen.

Abschließende Bewertung

Um noch einmal auf ein Phänomen zurückzukommen, das bereits zu Beginn angedeutet wurde: Viele dieser und ähnlicher Videos führen bei den Betrachtern dazu, sich selbst auf Basis der gesehen Inhalte zu diagnostizieren. (Opis, 2022) Inwiefern ist das sinnvoll? Auf den ersten Blick mag Social Media damit eine Hilfestellung für Betroffene sein, die aufgrund fehlender Informationen nichts von einer möglichen psychischen Störung ahnten. Insbesondere, wenn die Inhalte den nötigen Anreiz geben, um professionellen Rat einzuholen. Es darf jedoch nicht vergessen werden, dass die meisten dieser Videos von Laien und Betroffenen stammen, die nur ihre eigenen und damit subjektiven Erfahrungen teilen. Wenn eigentlich gesunde Menschen sich mit angeblichen Symptomen identifizieren können, kann es auch zu fehlerhaften Selbstdiagnosen kommen. Eine der Ursachen hierfür ist, dass auf Social Media störungsbezogene Symptome gerne so dargestellt werden, dass sich ein Großteil der Nutzer damit identifizieren kann, selbst wenn keine störungsrelevante Ausprägung vorliegt. Hinzu kommt, dass nicht immer weiterführende Informationen bereitgestellt werden, die eine dem Kontext entsprechende Einschätzung ermöglichen. Parameter, wie die Häufigkeit und das Ausmaß der Symptome werden nur selten miteinbezogen. (Opis, 2022)

5.2 Quellen

Instagram-Reel:

https://www.instagram.com/reel/CQOqTCDJ0KT/?utm_source=ig_web_copy_link

Literaturverzeichnis

Dilling, H., Mombour, W. & Schmidt, M. H. (Hrsg.). (2020). *ICD-10. Internationale Klassifikation psychischer Störungen* (10. Aufl.). ICD-10 Kapitel V (F); Klinisch diagnostische Leitlinien. Bern: Hogrefe.

Falkai, P. & Wittchen, H.-U. (Hrsg.). (2015). *Diagnostische Kriterien DSM-5* (1. Aufl.). Bern: Hogrefe. https://doi.org/10.1026/02600-000

Opis, R. (2022, 6. Februar). Hashtag ADHS: Wie sich Jugendliche auf Social Media selbst diagnostizieren. *DER STANDARD*. Zugriff am 27.10.2022. Verfügbar unter: https://www.derstandard.de/story/2000132827005/hashtag-adhs-wie-sich-jugendliche-auf-social-media-selbst-diagnostizieren

6. Der Menstruationszyklus – Psychische Achterbahnfahrt im Alltag

Kategorie:

- **Gesundheits- und Patientencoaching (Prävention- und Gesundheitspsychologie)**

6.1 Beitrag

Mit der Menstruation in Zusammenhang stehende körperliche und auch psychische Symptome gelten häufig als lästige Begleiterscheinungen des weiblichen Zyklus. Der eher negativ besetzte und erlebte Zyklus der Frau ist allerdings nicht nur Verursacher von Unterleibskrämpfen und Stimmungsschwankungen während der Periode. Die beteiligten hochkomplexen biologischen und endokrinologischen Prozesse beeinflussen auf erstaunliche Weise das Erleben und Verhalten der Frau während des gesamten Zyklus.

Auf einen Blick: die Phasen des menstruellen Zyklus

Ab Beginn der Pubertät reifen unter hormoneller Steuerung in den Follikeln der Eierstöcke regelmäßig Eizellen für eine mögliche Befruchtung heran. Im Durchschnitt dauert der Zyklus 28 Tage, beginnt mit dem ersten Tag der Periode und endet mit dem letzten Tag vor der nächsten Menstruation. (Werny & Schlatt, 2019, S. 967) Der Menstruationszyklus kann dabei in zwei Phasen unterteil werden:

Follikelphase:

In der ersten Zyklushälfte reifen mehrere östrogenproduzierende Follikel heran. Während sich im Regelfall nur ein Follikel vollständig entwickelt und sprungreif wird, gehen die restlichen zugrunde. Simultan wir die Schleimhaut der Gebärmutter aufgebaut. Durch den immer weiter steigenden Östrogenspiegel kommt es zu einer massiven Ausschüttung von LH und FSH, wodurch die Ovulation, also der Sprung des dominanten Follikels, ausgelöst wird. (Lasch & Fillenberg, 2017, S. 134; Werny & Schlatt, 2019, S. 967)

Lutealphase (Gelbkörperphase):

Im Ovar entwickelt sich nach dem Eisprung der Gelbkörper (Corpus Luteum) aus dem verbliebenen Follikel. Das Corpus Luteum schüttet Progesteron aus, was zu einer sekretorischen Umwandlung der Gebärmutter und einer Hemmung der LH- und FSH-Ausschüttung führt. Die Hemmung unterdrückt das Heranreifen weiterer Follikel in der zweiten Zyklushälfte. Bei einer ausbleibenden Schwangerschaft geht das Corpus Luteum nach 14 Tagen zugrunde. Durch den entstehenden Hormonentzug verursachen vasomotorische Reaktionen schließlich die Menstruationsblutung, bei der die aufgebaute Schleimhaut in der Gebärmutter zusammenbricht. Der Zyklus beginnt von Neuem. (Lasch & Fillenberg, 2017, 134, 136; Werny & Schlatt, 2019, S. 964)

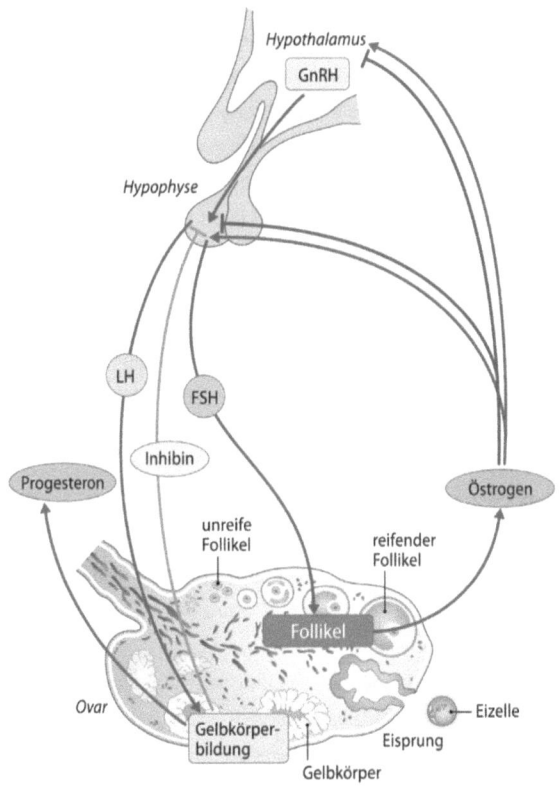

Abbildung 1: Endokrinologisches Zusammenspiel während des ovariellen Zyklus
(Quelle: Werny & Schlatt, 2019, S. 964)

Einfluss der Geschlechtshormone auf die Psyche

Die endokrinologischen Abläufe während des Zyklus haben jedoch nicht nur eine reproduktive Funktion. Neben dem Einfluss auf biologische Reifungs- und Umbauprozesse im weiblichen Körper wirken Geschlechtshormone ebenso im Gehirn und beeinflussen das Verhalten und Erleben der Frau. (Schneider, Jacobi & Thyen, 2020, S. 88) Denn die am Zyklus beteiligten Sexualsteroide haben einen starken Einfluss auf verschiedene Neurotransmitterhaushalte und damit z. B. auf die Freisetzung von Serotonin, Noradrenalin oder Dopamin. (Kuhl, 2002, S. 9)

Die Stimmungslage und das psychische Wohlbefinden im Verlauf des Zyklus ist also größtenteils auf die Dominanz von Östrogen in der ersten Hälfte und der Dominanz von Progesteron in der zweiten Hälfte abhängig. Viele Frauen berichten von einer höheren Lebensqualität in der ersten Zyklushälfte. Insbesondere um den Zeitpunkt des Eisprungs herum, fühlen sich Frauen häufig selbstbewusst, angeregt und energiegeladen. (Gille, 2019, S. 63) Dies lässt sich u. a. darauf zurückführen, dass in der Follikelphase der Östrogenspiegel bis zum Eisprung stetig ansteigt (Schneider et al., 2020, S. 51) Es sprechen viele Forschungsergebnisse dafür, dass Östrogene mit ihren Rezeptoren im Zentralnervensystem in der Lage sind, die Stimmungslage und Kognition zu beeinflussen. (Dorsch, 2018, S. 113) Allgemein verstärken Östrogene die Dopamin- und Serotoninaktivität und hemmen die Noradrenalinfreisetzung. (Kuhl, 2002, S. 9) Damit wirkt das Geschlechtshormon auf der gleichen Ebene wie Antidepressiva. (Birkäuser & Ortmann, 2010, S. 87) Es konnte in der Praxis nachgewiesen werden, dass Östrogene vor Stress schützen, eine milde antipsychotische Wirkung entfalten, sowie affektive Symptome lindern können. Folglich ist von einem insgesamt positiven Einfluss auf das psychische Wohlbefinden auszugehen. (Birkäuser & Ortmann, 2010, S. 82–83)

Kurz nach dem Eisprung entsteht ein Einbruch des Östrogenspiegels, sodass die positiven Auswirkungen auf die Stimmung ausbleiben. Gleichzeitig produziert der Gelbkörper nun vermehrt Progesteron, das dominante Hormon der zweiten Zyklushälfte. Progesteron, als Antagonist der Östrogene, fördert die Inaktivierung der Neurotransmitter und übt insgesamt einen dämpfenden Einfluss auf das Zentralnervensystem aus. (Kuhl, 2002, S. 9) Darüber hinaus ist Progesteron in der Lage den sedierenden und angstlösenden Effekt der GABA (Gamma-Aminobuttersäure) zu verstärken. Somit hat der steigende Progesteronspiegel aufgrund der geförderten GABA-Aktivität zwar eine entspannende und beruhigende Wirkung, doch kann der entstehende Östrogenmangel teilweise auch zu negativen Effekten (z. B. depressive Stimmung) auf das psychische Wohlbefinden führen. (Bitzer, 2010, S. 477) Die

Forschungsergebnisse zum Einfluss auf das Stimmungsbild in der anfänglichen Lutealphase sind daher oftmals widersprüchlich.

Hoher Leidensdruck entsteht für viele Frauen schließlich gegen Ende der Lutealphase. 70-90% aller Frauen im reproduktiven Alter nehmen ausgeprägte psychische Veränderungen in der prämenstruellen Woche wahr. (Dorsch, 2018, S. 112) Dies steht im Zusammenhang mit einem nahezu vollständigen Abfall von Progesteron und Östrogen zur Auslösung der Menstruation. (Schneider et al., 2020, S. 51; Werny & Schlatt, 2019, S. 967) Der extreme Hormonentzug kann sich dabei negativ auf die psychische Gesundheit auswirken. Treten Symptome, wie Dysphorie, Reizbarkeit und Anspannung in solch einem Ausmaß auf, dass ein erheblicher Leidensdruck und Beeinträchtigungen im psychosozialen Leistungs- und Funktionsniveau entstehen, wird vom sog. prämenstruellen dysphorischen Syndrom (PMDS) gesprochen. Einem Vollbild entsprechen dabei in etwa 3-8% der Frauen. Weitere 18-35% sind zudem mit subsyndromalen Ausprägungen konfrontiert. (Dorsch, 2018, S. 110)

Fazit

Um den eher negativ besetzten weiblichen Zyklus ranken sich eine Vielzahl an Märchen und Mythen. Das Wissen um die psychischen Auswirkungen der verschiedenen Zyklusphasen und deren tatsächlichen Ursachen ist deshalb umso wichtiger. Nach Meinung des Autors sollte möglichst schon im Sexualkundeunterricht der Schule dringend auch auf psychische Aspekte des Menstruationszyklus eingegangen werden, um junge Mädchen für zyklusbedingte psychische Veränderungen zu sensibilisieren. Denn ein ganzheitliches Verständnis für den eigenen Körper und seine Besonderheiten fördert auch einen bewussteren Umgang mit dem persönlichen Zyklus im alltäglichen Leben.

6.2 Quellen

Literaturverzeichnis

Birkäuser, M. & Ortmann, O. (2010). Depression und Östrogene. Besteht eine kausale
Beziehung? *Gynäkologische Endokrinologie*, 8(1), 82–88. https://doi.org/10.1007/s10304-
009-0317-6

Bitzer, J. (2010). Progesterone, progestins and psychosomatic health of women. *Hormone
Molecular Biology and Clinical Investigation*, 3(3), 477–480.
https://doi.org/10.1515/HMBCI.2010.070

Brandes, R., Lang, F. & Schmidt, R. F. (Hrsg.). (2019). *Physiologie des Menschen. Mit
Pathophysiologie* (Lehrbuch, 32. Aufl.). Berlin: Springer. https://doi.org/10.1007/978-3-
662-56468-4

Dorsch, V. (2018). Die prämenstruellen Syndrome PMS und PMDS. Prämenstruelle
dysphorische Störung – Mythos oder behandlungsbedürftige Störung? *Der Gynäkologe*,
51(2), 110–116. https://doi.org/10.1007/s00129-017-4196-y

Gille, G. (2019). *Mädchen fragen – Mütter wissen. Das Infobuch für Mütter von Mädchen ab
11 Jahren* (1. Aufl.). Berlin: Springer. https://doi.org/10.1007/978-3-662-58449-1

Kuhl, H. (2002). *Sexualhormone und Psyche* (Sexualhormone und Psyche, 1. Auflage).
Thieme. https://doi.org/10.1055/b-002-19463

Lasch, L. & Fillenberg, S. (2017). *Basiswissen Gynäkologie und Geburtshilfe* (1. Aufl.).
Berlin: Springer. https://doi.org/10.1007/978-3-662-52809-9

Schneider, H. J., Jacobi, N. & Thyen, J. (2020). *Hormone - ihr Einfluss auf mein Leben. Wie
kleine Moleküle Liebe, Gewicht, Stimmung und vieles mehr steuern*. Berlin: Springer.
Verfügbar unter: http://www.springer.com/

Werny, F. & Schlatt, S. (2019). Reproduktive Funktion der Frau. In R. Brandes, F. Lang & R.
F. Schmidt (Hrsg.), *Physiologie des Menschen. Mit Pathophysiologie* (Lehrbuch, 32. Aufl.,
S. 964–969). Berlin: Springer.